AF422870

LUJÁN FRAIX

Amor Verdadero

Poemas

-Ediciones Alternativa-

I.S.B.N 978-987-98225-0-0
Queda hecho el depósito que marca la ley 11.723
Derechos de autor reservados.
Ilustración de tapa: Reverso del óleo "Retrato de
dama"
De Leonardo de Vinci (1452-1519)

Ediciones Raíz Alternativa C.C 32(1864)
Longchamps, Buenos Aires.

A mis padres

*"El amor es uno aun perdido
por el infortunio y las querellas.
Puede ser profano y estar herido, estéril e
irreverente;
habitar las callejas o los portales oscuros
pero siempre está allí
con los ojos cansados de esperar..."*

TRANSFORMACIÓN

Quisiera que mañana fuese otro mañana,

que todo se transforme,

que el sol sea más cálido,

que las estrellas cambien de lugar,

que el frío se transforme en ráfagas de brisa suave,

que los árboles caigan a mis pies y derramen leña,

que la gente fuese otra gente

más humana, más noble, más justa.

Soñar con que el hoy no es hoy sino mañana,

tener toda la fe que pueda existir y aún más

una enorme fuerza y alegría,

toda la alegría que siempre me falta.

Quisiera que el Universo ruede,

ver a través de la luz una ilusión cercana

y sobre todo poder estar sola, pensar,

y sentir que esa vida que tanto amo

me da en mis labios la luz de una sonrisa.

EL AMOR

Símbolo histórico

que surges de la armonía de la luz

y ejecutas con orgullo y dolor

tus níveas pinceladas de victoria.

Eres un arte

que camina en el espacio de los siglos…

¿Hacia dónde vas?

Todos los senderos te guían a las fronteras,

mientras la celebridad

te devuelve tu tradición intacta.

Te sientes grande, sembrador de futuro,

huésped en las fiestas blancas,

mago que descansa sin apuro

en algún rincón desierto de amargura…

Viajero cansado de esteros pobres

que respondes con agilidad a la confianza

y que vuelves inerme,

de los sitios más recónditos,

llevando secretos y milagros

entre tu ropaje sin tiempo…

Alcanzar sólo un rumor de tu latido

cuesta toda una vida de recuerdos.

EL ENAMORADO

Es imagen de fuego,

energía vital en un suspiro, un adiós entrelazado

                de jazmines y de versos;

la magia del viento que se lleva una tormenta,

         el arrobo de una sílaba desvalida por las

horas

             de mutuo desconcierto.

Se embriaga con aquel lazo

     de hilos color plata

      y la ve a ella renacer en el rubor

      de un lucero ardiente y casi sepultado.

No puede contenerse más

      en el límite de su creación

          deja algo minúsculo

perdido por una periferia de una soledad que lo llora

hasta desangrar sus venas:

La huella del sentimiento

que busca un abrigo que le cubra los harapos.

LA OTRA MIRADA

La del enigma de tu último secreto,

la que llega tras la vigilia

de los días cansados por los vientos,

la que viene desde el fondo gris

de las plegarias.

La visión infinita del silencio

que recorre caminos y aleja las ausencias,

la que me llama desde el inmenso mundo

de las sombras

y me eleva más allá

de las estrellas…

Frente a la noche y su concierto

sólo dos miradas

en un acorde de campanas,

dando vueltas y vueltas en la nada

de un universo desnudo y sin presencias.

NUESTRO SECRETO

Aquel día,

aquel día poseído de tristezas, de murmullos y de

aromas,

aquel día

bajo ese cielo claro sin limosnas ni pecados,

a mi lado

una ilusión diferente, cincelada y blanca

llena de secretos y distancias;

tan profunda como el fondo del océano,

tan lejana como el origen de la vida...

caminaba;

y la luna entera

cual sílfide aquietaba su arrullo almibarado

en el vértice del llanto;

y tu mirada

quieta, remota,

y mi figura

entre el olvido y el recuerdo,

sobre la grada de ese tiempo cruel

agigantada por tus pasos,

era una sombra imperturbable;

adagio mudo que dibujaba esquelas

pobladas de palabras limpias y bellas.

Tu mirada ideal,

tu mirada sola y perfecta.

Aquel día,

posesiva, mi alma

observaba la ausencia desdoblada

 por los ensueños de las voces,

separada de mí misma

 por una cadena absurda de desvelos,

por el infinito sortilegio

de alguna sonriente ironía,

ciega, sola,

por el camino andaba...

Y se oía un estrepitoso sonido de palabras,

en el gris oro del otoño

y en el frívolo tintineo de los diálogos.

Sentí alegría. Era la alegría de una dicha pequeña

borrada, de repente, con el parpadeo fugaz

como arrastrados segundos

por las arenas del desierto;

era la alegría sufrida, era la dicha castigada,

era la alegría que rogaba.

Y tus ojos

adivinando los anhelos más deseados

me miraban

por los rincones yertos de los sabios pensamientos;

y mi alma con tu alma

dibujaban sutiles arabescos

en la noche que asomaba sus pícaros motivos

esa noche llena de murmullos, de miedos

y de lágrimas...

Tu mirada se marchó,

tu mirada se esfumó en el oleaje excitado,

y dejó sus ojos en el vuelo de mi eterna soledad.

¡Oh las palabras

 que en el infinito azul se abrazan a los sueños!

¡Oh las palabras

 que quizá nunca se llegarán a pronunciar!

APENAS VIVIR

El oficio de ser una sombra frágil
-legado inacabable de ausencias y de encuentros-
es mi único oficio de existir.
Inventar sueños con geografías dispersas
y descubrir la esencia de una realidad inventada,
recoger alegrías, muertes y dolores divididos
y apenas ver
la vorágine de hechos paralelos
amarrados al mundo por imaginarias redes
y nacer tras la niebla que empaña nuestra fuente.
Descansar tranquilos y aferrados al encanto de
                                        lo nuevo,
felices, atrapados en el cautiverio de un sueño
                                    casi fugitivo
que nos atrapa en sus formas y nos descontrola.
Recorrer los testimonios del presente
entre versos de luto y filosofía
y creer y esperar con tanta fuerza;
y ver la tristeza merodear por su acostumbrada
periferia

en el olvidado universo de los pobres, de la caridad

y de los sabios…

FARSA ANTIGUA

En el camino solitario las sombras se ríen
de la luz y de las imágenes amadas
e intentan borrar la vejez de los tiempos,
que lloran esclavos de las sonrisas
que ya se fueron;
donde yacen las horas y los eternos pasos
de una memoria frágil,
de manos desnudas de recuerdos,
de ojos y semblantes que ya no están.

Por los recodos de los mármoles
se deslizan los nombres olvidados
en cofres de polvo y de ausencia
-símbolos íntimos y venerados-
que añoran volver a palpitar.

Vive en el aire el sabor del adiós,
la libertad que esclaviza los secretos,
las ilusiones castigadas por la realidad…

Frágil, con inteligencia de artista
que escribe destinos muy remotos,
se escapa la vida por los senderos
con velo de luto, de fuego y distancia
y deja milagros
en las márgenes adormiladas,
por los mundos grises y claros
de los seres libres
y de la inocencia de algunas almas.

SIEMPRE

Aunque pasen todos los días de mi vida

y recorra silenciosa calles olvidadas

dibujadas por vuelos y palabras.

Aunque Dios nos guíe en este mundo

o se aleje de él en un instante

arrastrando sólo símbolos y huellas

o tal vez nada.

Aunque deje de vivir

y descubra que las horas

son efímeras esferas

que giran en el cosmos

llevándose mi risa.

Aunque los años anticipen finales irrepetibles

en la calma o en la ceniza

que recoge el fuego de la espera.

Aunque me vuelva torbellino

en la perfección

o en el delirante parpadeo de ese caos

y quiera desaparecer

en la lejanía mística

de tus ojos imaginados.

Aunque el sol no brille en dos milenios

y siembre dolores divididos

detrás de un Dios oculto

entre los cuerpos y el espacio,

y el mañana sea sólo una eternidad

que grita poemas... y nadie escucha.

Aunque se borre el camino infinito y secreto

de tus pasos

y vuelva al otro día

a mi rincón querido a morir.

Allá... lejos,

aquí... sola.

¡Tú estarás siempre en mi corazón!

EN LA RIBERA

Las imágenes tuyas son copias antiguas

sin alas, sin brisas…, lejanas;

como el ensueño del paraíso

en la transparencia de un cristal,

tan llenas de ti como la palabra

que quiebra el silencio,

        el abrazo, tu mirada…

La limosna en un corazón niño

en la otra mitad del alma;

espejo feliz, llanto y risa

        en la hora temprana.

Después…

ruego, plegarias a la ausencia

que borra el encuentro de sueños imaginarios,

piedad en la procesión de los momentos;

allá, en el camino perdido.

Todo sigue igual,

el mundo continúa guardando el hielo

en sus apretadas manos;

sin dolor, con indiferencia.

Un corazón se detiene

entre los lirios del tiempo,

contando los instantes de cada verso

en la magia de esperarte

a la orilla última

de tu adiós secreto.

VIAJE

Verso que llegas al confín de mi alma

y llenas de tiempo las blancas palabras

de un mundo de cielo perdido,

de vuelos de pájaros

                sobre desnudas mareas.

Es la nieve

        que cae en mi cuerpo

como mantos de dagas y lirios del campo.

Es la lluvia

que busca las cumbres de un siglo pasado

cuando la felicidad

                No se rompía en pedazos.

Oscuro, el tiempo

                grita otra vez;

donde las arpas duermen abrazadas

a seres de leños tibios

que engarzan sus manos

en el fondo de rocas eternas,

       en el vértigo del amor,

       en la ceniza, en los ruegos…

A los años,

     les dejo las horas que pienso,

los laureles, mi disfraz de viento,

aquellas manos tristes, mi silencio…

CRISTALES QUEBRADOS

Abuelo ya te fuiste a la eternidad
atrapado por un camino incierto,
no quiero entender que te hayas muerto,
aún se nota tu infinita bondad.

Y aunque no veo todo con claridad
tu lugar aún está aquí, desierto,
en el gran arcón de la abuela abierto
se ven esos ojos, la serenidad.

Tiempo frío, las hojas han caído;
quieren llevar tu recuerdo dormido
a su cofre de madera y de plata.

Se multiplican los peces, Octubre,
tan lejos de los milenios vives.
¡Huye de los ventanales lúgubres!

FUE AYER

Fue ayer. Entonces
cuando no importaban las horas que se iban…
como fantasmas dibujados en el vuelo de los pájaros.
Y no importaba tampoco ser alma fugitiva,
edificar sueños que se borraban con el primer llanto,
sonetos de amor en el tiempo que giraba.
Nada importaba entonces por aquellos años.
Las calles consumían distintas voces
en la indefinida espera de palabras
y el alma, dueña de mis ojos, buscaba
donde el miedo dejaba espacio a la alegría
hasta descender a lo más hondo del olvido.
La soledad era un refugio de palomas
en un blanco lugar adolescente
que observaba las distantes huellas de mis pasos.
Por entre la luz íntima y total de las estrellas,
que trazaban sus siluetas,
el abrazo invisible de un "te quiero" imaginado.

Después vinieron otros tiempos.

Los mensajes de las horas despiadadas

transformaron aquel abrigo en hielo de montaña,

todo lo soñado fue polvo entre la niebla.

El corazón fue rompiéndose a pedazos: en la mirada

de un cariño

desierto de verdad, en la palabra no pronunciada,

en el adiós que sepultaba la fuerza de vivir…

Los años pasaron.

Ahora busco el amor de fantasía.

Soy el tiempo fatigado

que se entrega a antiguas confesiones,

que camina sin credos por todas las soledades.

Ya no dejo huellas ni sitios para las nostalgias,

ya sin alas en mi cuerpo; con todas las lágrimas.

Me quiebro. Vuelvo

por un extraño cielo de aves azules,

veo morir el día a orillas del mar. Y mis ojos

buscan el eterno regreso de una mirada

que dejó su secreto demorado.

Ya sin voz. Apenas una llama que se extingue

arrojo las cenizas del amor

que desaparecen en el confín

            abrazadas a los recuerdos

LA PALABRA

Espero el poder de la palabra
que reza y sana cual oración sublime,
es el credo que me eleva entre las horas consumadas
hacia un mañana de fuegos y jazmines.
Lugar secreto, antiguo y añorado,
¡quiero volver a recorrer tus pasos!,
ir por tu verano de canciones y de ensueños
y detener mi reloj en el mirar quieto de tus ojos.
Ver el rojo brillar del ocaso en ese cielo,
sentir el latir de los instantes
marcando la paz de tus silencios;
y saber que todavía se puede regresar
al luminoso clamor de lo vivido,
a las voces conocidas, a la armonía de todos los eneros
dormidos en las rocas con el viento que susurra.
Camino aceras,
viajo con mi alma desierta
hacia un "te quiero" imaginado
para entender el por qué

y refugiarme en la mágica y eterna existencialidad

de la palabra.

LÁGRIMAS

Adivino tu imposible presencia a cada instante,

escucho tu andar tenue de pájaro herido,

siento que tu verdad me hiere

como el tiempo que empuja el péndulo,

como la muerte que aparece en la hora temprana.

Sueño vivo, felicidad que añoro,

estás pidiendo amor entre la niebla.

Un poco de paz bajo la oscuridad que asoma,

abandono, primer refugio de mis lágrimas.

Horizontes grises y poemas inconclusos,

descubrimientos que se pierden en la soledad.

Siento tus ojos de melancolía

llorar abrazados a los míos.

El eco se repite día tras día,

tus palabras hablan sin medida

hasta tu silencio dice "no"

amarrado al trazo

que ocultas en esa sombra inmóvil.

El dolor maneja los tristes hilos.

Sueño de huracanes dormidos,

te vas, rebelde, con la luna de plata.

Comienzo a volar por tu recuerdo.
Comienzo a caminar tus pasos en mi memoria.

EL DESTINO

La vida es corta y hay que bebérsela toda…

No se pueden ganar todas las batallas

pero hay que afrontarlas.

Lo que cuenta es uno mismo

pero existe algo que acecha del otro lado,

una sombra que juzga, implacable o benévola,

la soledad con trenes que parten

y vientos que se alejan después de borrar

la última huella.

Vivimos con nuestros silencios;

ahogados por palabras indecibles

y como

nos cuesta aceptarlo, más difusos se hacen los

contornos,

      más solos estamos.

Por más que uno escape,

el destino, fuerza invisible que decide más allá de la

voluntad,

      nos alcanza.

Sentados frente a la vida esperamos una señal

que nos invite a quedarnos

o a descorrer la telaraña de males infinitos.

Llegar temprano a desafiar lo fantástico

o tarde a lo que amamos,

perdidos por ese camino

casi fatal de realidades que hieren.

Buscar secretos herrumbrados en el pasado

que nos mira

es quedarse desprovisto de luz para andar senderos

y lograr la paz con uno mismo.

Hay que apurar el paso hacia el encuentro

que el destino puede devorar su fuego,

resolver historias y llamar a abrir la puerta

que nadie se atreve a empujar.

La elección de un rumbo depende de una señal

que engaña,

sabe de incertidumbres…

y cree que del otro lado puede estar el más grande de

los fracasos.

Debemos equivocarnos para aprender

aunque siempre es tarde cuando se llora.

Tenemos que afrontar lo que somos,

las virtudes, los defectos, nuestros llamados interiores

y llevar al fondo del alma la blandura del amor:

“Sentimiento mágico que extingue el trayecto

hacia nuestro final escrito.”

AQUELLA NOCHE

Palidez de tiempos inmemoriales
que sangraban heridas imborrables…

No me alcanzaba la vida para sentir el frío
de tu voz que me llamaba

         próxima y libre, enamorada.

Detrás de un muro

buscábamos nuestras lágrimas,

tu silencio y el mío, la señal…

¡Estábamos tan solos!

Un secreto elevaba la reja provisoria

y el eco invisible se transformaba en holocausto.

Las luciérnagas se vestían de fragmentos inmortales

y acercaban la distancia

en miradas de un día

que emergían de tus ojos solitarios.

Me atrapó tu ser en el paraíso,

desolado, frágil, de almas enlazadas…

No pude alejarme a recoger cenizas,

mi corazón corrió el cerrojo

y quedé atrapada para siempre

en tu sinfonía de palabras milagrosas,

testigos de un amor que era sombra,

vida y agonía,

prisión y viento,

    imaginación…

JUNTOS

Se cruzan los sueños que el tiempo quiere dilatar,
vestigios angelicales de azucaradas magias…
Junto al ayer de filigranas sagradas
tus ojos de adiós, adormecidos…

Desde aquí en el muelle de un océano ficticio
me enlazo en un susurro de tórtolas heridas
y busco el principio, paraíso de tus lágrimas,
capitulación simbólica de tímidos secretos.

Allá las gentes con sus voces ancestrales
en la ciudad que se desliza entristecida
con los años que caminan existencias despojadas
en mezquinas sendas de alegría y risas sin medida.

Nuestros mundos eremitas de esferas igualadas
sufren el silencio de los pensamientos cercanos,
miradas de brisa que buscan entregar el alma
un instante más para llorar abrazadas.

El paralelo en esa comarca de rieles infinitos
es memorial, brillo de estrellas desgranado,
y esfuma las figuras que ha plasmado la vida
para amarse en soledad, sobreviviendo.

Son ánimas de cortejo que se arrollan eclipsadas
con edades ya pasadas que persiguen huellas;
agitadas por el espacio sideral, dormidas…
en la continencia borrascosa de noches de perdón
                                        y de porfía.

Conservo el dolor de los tiempos prehistóricos,
la palabra que vuela despacio en las farolas
a jugar con la oscuridad de las sombras
en el estío que revive las ansias de estar triste.

Late el esgrimista con la paz de tu partida,
el misterio de un amor que espera entretejer su voz,
mientras las noches trepan las paredes de jazmines
para interpretar el final y ver las almas entregadas.

NOCTURNO

El cielo a oscuras

        suplica…

No me quites las horas

de mis sueños pequeños.

El tiempo, afuera, está vestido de gala:

perfecto y armonioso, árido…

Algún pintor recoge despojos

rosados y acuarelas;

y yo aquí, desierta,

sin velas ni timón

        sin puerto.

Buscando milagros

entre mis recuerdos pobres.

-Pasajera de cumbres y de abismos-

¡Te quedaste sola!

El cielo a oscuras

       suplica…

y la aurora sana las tristes heridas

para devolverme al mundo.

A CONTRALUZ

Estuve a tu lado
cuando sólo había piedras en mi camino de rosas.

Rieles infinitos de niebla,
blancos poemas y silencio.
La mirada ciega de tus ojos cansados
cuando el calendario ensayaba palabras dulces
para apagar el infierno
que llegaba desde un cielo plagado
                        de estrellas.
La verdad era una muerte sigilosa
que sobrevivía al destiempo,
a las penas y a las alegrías,
a la prisa y al cansancio…
Las multitudes ausentes
miraban de otras dimensiones
 y escuchaban diálogos desde el fondo
                        de un vacío.

El invierno trajo la nieve a mis recuerdos
y a contraluz dejó tu nombre cincelado.

**Este libro se terminó de imprimir
En el mes de julio del año 2000
En los talleres de Artes Gráficas
MEGACOLOR, Lanús, Buenos Aires.**
**©Luján Fraix (poemas, 2000)
lujanfraix@hotmail.com**

www.ingramcontent.com/pod-product-compliance
Lightning Source LLC
Chambersburg PA
CBHW070610160726

48003CB00005B/2199